EL MUNDO QUE ESTAMOS VIVIENDO

EL MUNDO QUE ESTAMOS VIVIENDO

BILLY ROSADO

"El Solitario"

Número de Control de la Biblioteca del Congreso de EE. UU.:   2015960912
ISBN: Tapa Dura   978-1-5065-1110-8
                   Tapa Blanda   978-1-5065-1125-2
                   Libro Electrónico   978-1-5065-1109-2

Información de la imprenta disponible en la última página.

Fecha de revisión: 21/12/2015

Para realizar pedidos de este libro, contacte con:
Palibrio
1663 Liberty Drive
Suite 200
Bloomington, IN 47403
Gratis desde EE. UU. al 877.407.5847
Gratis desde México al 01.800.288.2243
Gratis desde España al 900.866.949
Desde otro país al +1.812.671.9757
Fax: 01.812.355.1576
ventas@palibrio.com
730832

Empecemos esta historia así buscando la verdad de nuestro mundo, o lo que podemos Creer, es así hay dos caminos el bueno, y el malo si escogemos el camino equivocado hay esta nuestro destino.

La vida muchas veces es triste como la muerte, y más si es de un ser querido, la vida nos va enseñando muchas cosas que a veces la humanidad no entiende, y nunca lo entenderemos, algunas personas nacen bendecidos, otros no, algunos nacen con un pasatiempo de malos hábitos, otros nacen buscando la felicidad, no quiero ser juzgado por lo que expreso en este libro, tampoco estoy dando fe que todo lo que expreso sea cierto, solo quiero dar un entendimiento de lo que cada persona pueda entender de lo cierto, de lo que muchas personas piensan por tal motivo se lo dejo a cada persona la verdad, y la mentira, y a pesar de todo soy un creyente de Dios, pero como el mundo esta tan perdido por eso expongo mis comentarios.

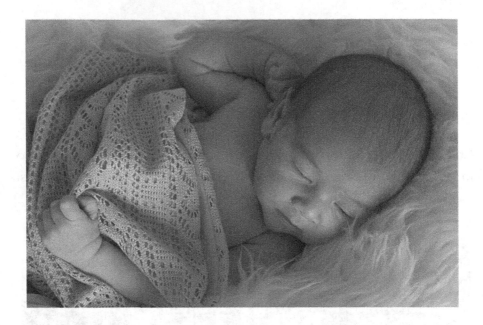

El paso por esta vida a veces lo hacemos nosotros mismos, como nos comparamos a través del tiempo, o desde que nacemos, y como se comportaba la humanidad, desde los tiempos de antes, siempre la vida a sido una especulación, todavía en estos tiempos se habla de miles de años atrás de los faraones de los reyes, de las reinas, de los esclavos.

Pero nadie incluso sabe si las historias son verdaderas o no, siempre en mi dicho para miles de años no se había inventado la escritura, pues si escribían como se dice, lo hacían en piedras que por cierto con el agua, y el tiempo me imaginó se borraban los escritos, pero no existían las páginas en blanco para escribir, los libros para mantener que eran ciertos esos comentarios.

Si las personas que estamos en este mundo, nos dedicáramos a disfrutar la vida mientras estamos en ella, por lo menos nos sentimos mejor, una de las preguntas que nos hacemos el ser humano, es que si el día que nos vallemos de este mundo, existe la reencarnación, es algo que no lo podemos saber, pero para mi creencia es que no, pues si vamos a retornar a miles de años atrás.

Entonces hubiera una respuesta, de las personas que han reencarnado, pues esas personas de una manera u otra hubieran tenido un recordatorio de ellos, para mi cada ser humano que nace es diferente de maneras de pensar, sólo lo que diferencia uno del otro es su manera de pensar, y el físico pues por dentro nada de diferencia todos somos iguales.

El día que nos vamos, todos quedamos en los mismos huesos, una de las preguntas que nos hacemos el ser humano es que si hay vida más allá de este mundo, si en verdad existen los seres de otros planetas, pienso también que es algo ilógico, pues si fuera cierto desde que el mundo es mundo, ablando de millones de años siempre ha existido esa creencia, y que ha pasado que nunca han encontrado una respuesta.

Entonces la humanidad muere siguen naciendo, y los seres no aparecen, concentremos en lo que estamos viviendo, hoy en día están pasando en cada país, diferentes desgracias, tales como el maltrato, el hambre, y las desgracias, que los lleva a buscar salir de sus países por las fronteras que algunos pasan, y otros encuentran la muerte, huyendo de sus propios países que en vez de encontrar la paz sólo encuentran la desgracia.

Muchos piensan diferente a los demás, unos piensan en la riqueza en el poder, y la mejor vida, otros de diferente pensamiento como el amor, y la mejor enseñanza para su familia, también tenemos en nuestros pensamientos la existencia de Dios en la tierra, como tampoco no se puede dar una confirmación exacta de esta enseñanza, que cuando nacemos, la vida nos la quita solo Dios.

Eso nos da a entender tanto la familia, como las iglesias, pero a veces en distintos seres humanos no piensan que todo lo que dicen en las iglesias sea cierto, pues nadie puede dar verificación exacta que sea cierto, pero en nuestros corazones existe esa realidad, para pensar en lo bonito de la vida. Y que Dios existió de verdad

para sentirnos mejor en la manera de pensar, una explicación de que esto fue cierto, es como entrando en el tiempo de la eternidad de nuestras vidas, y porque el humano vino a este mundo, y nadie ha dado una explicación exacta del ser humano pues en realidad nadie puede darla, pues eso estará siempre en el misterio de la vida, como fue que nacimos, y seguimos todos en esta vida.

Sólo esperando el final de nuestra existencia de cada cual, el ser humano desde que empezó a existir en el mundo nadie puede llegar a una conclusión exacta, de cómo fue que nacimos pues se comenta toda una eternidad, de que fuimos descendientes de Adán y Eva.

Eva fue creada por las costillas de Adán, son tantas, y tantas historias que nadie puede dar fe que todo esto sea cierto que suena más a fantasía, que a una verdad, y recorriendo las historias de esta vida hablemos también del ser humano, que no vino a este mundo para quedarse, todos nos tenemos que morir, y los recuerdos de cada igual el tiempo los borra, es este tiempo de la vida los llamados jefes, y la corrupción.

En ese tiempo, surgió los llamados mandatos como poner la llamada policía, y los jefes de gobierno que han sido los que en cada país son los que mandan a la población en general, y todo esto nadie en este mundo sabe cómo fue que empezó a existir los llamados jefes para que puedan mandar en los otros seres humanos.

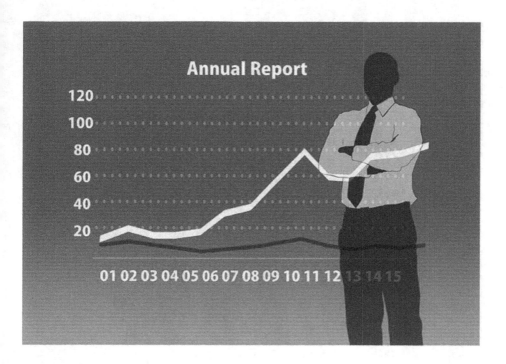

Que ninguno ni los jefes ni los que mandan tienen ninguna diferencia uno del otro en especial, todos venimos a este mundo de igual manera nada de diferencia de un ser humano a el otro, sólo comentó esto para que el ser humano de hoy en día, pueda saber un poco más de nuestro mundo, y lo que estamos viviendo toda la eternidad, de nuestra existencia en este mundo.

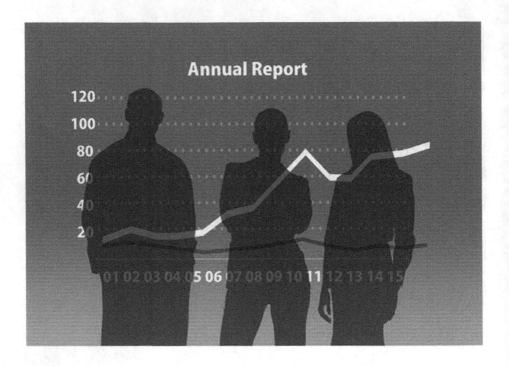

Y como vamos naciendo, no nos damos cuenta de la realidad de la vida, y cuando pasa el tiempo es que nos damos cuenta de los errores que cometemos, y ya es un poco tarde para corregirlos, y dar marcha atrás por eso hago un llamado a los padres que tengan un poco mas de conciencia con los niños.

Y tengo una pregunta para las personas que lean este libro sé que es un poco fuerte, pero es sólo un pensamiento algunas personas escogen quitarse la vida cuando se encuentran que están sufriendo por una enfermedad, que no tiene cura ahora dicen que si tú te quitas la vida no serás perdonado por Dios, pero si tú te pones a pensar que si Dios existió en la tierra,

acaso el no se quitó la vida, y voy a decir él porque, si él era Dios que él podía salvarse, y no fue a si él decidió morir por otras personas quiere decir que el asedio a quitarse la vida, si la persona lo va a mirar de esa forma, otros se que dicen que él lo decidió así para morir por nosotros, pero porque razón el no cambio de manera de pensar.

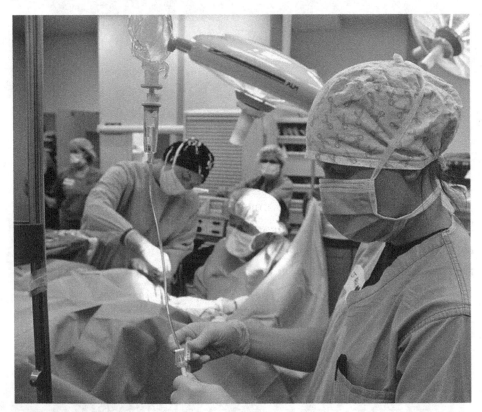

Y en que nos beneficio a nosotros que el tomara esa decisión si las muertes siguen en el mundo, y las personas siguen matando al igual que a él le hicieron, y las muertes continúan a trabes de esta vida, entonces pienso que una persona que quiere dejar de sufrir, y decide quitarse la vida, no creó que si Dios existió, no pueda perdonar a esa persona cuando él en mi manera de verlo también lo hizo pues el podía como Dios no permitir que lo mataran, entonces el así lo decidió quitarse la vida.

Hablando un poco mas de los tiempos pasados, y como siempre pienso de los llamados nombres, y personas de los otros tiempos una persona llamada Noé como dice la Biblia hebrea habla de la arca de Noé que en los tiempos si es verdad que existe porque a miles de años aún no se sabe exactamente si este hombre existió, y si así se llamaba pues como vuelvo a decir la escritura para ese tiempo no existía, si existió entonces dicen que hubo un diluvio, para ese tiempo entonces el diluvio se lo llevo todo, según lo que dicen que Noé saco una pareja tanto de humanos, como de animales pues no quedo nada entonces donde están las escrituras.

Así pasara de generación, en generación, buscando la verdad dicen que Noé estuvo predicando al mundo, desde entonces por 120 años que vendría un diluvio aun algunos predicadores, y teólogos siguen diciendo, que Noé predicó por esa cantidad de tiempo, y otros han dicho que el tiempo de su predicación fue mucho más largo que eso.

Después de hacer un breve estudio sobre el tema, hallaron que es casi imposible que Noé pudiera estar predicando sobre el diluvio todo ese tiempo, tomando el tiempo desde que Dios dijo a Noé que traería un diluvio, hasta que este llegó no podemos ver como eso sea posible; veamos: Según las teorías del padre que engendró a Noé a los 182 años el padre de el, y por años después que engendró a Noé el murió, el padre vivió un total según dicen de miles de años! (Y murió sin entrar al arca. Noé tenía también al igual que el padre de años cuando engendró sus tres hijos, y tenía muchos años cuando murió su padre

De bastante años de edad (5 años después) entró en el arca, y comenzó el diluvio, ustedes creen toda esta historia que parece mas de fantasía, que de otra cosa más quizás es verdad que existieron todas estas historias pero quien da fe que es verdad, pues el mundo sigue corriendo, y las personas siguen viviendo hasta que nos vallemos de este mundo.

Y tratando de descubrir en el universo, si es verdad que existen otros seres humanos, como nosotros, y los llamados!! Ovnis!! Que en verdad no se sabe si existe el ser viviente más allá de este mundo, un ejemplo si fuera verdad desde cuando a existido esa creencia, se puede decir que de generación en generación, el ser humano está buscando esa repuesta, y pasan miles de años, y la verdad no aparece entonces seguirá la generación buscando esa verdad, o esa mentira.

Hay un dicho que dice que la mujer fue creada por la costilla del hombre, pero quien da fe de eso, como todo los dichos que se han vinculado a través de los años, pero que nadie puede dar veredicto que eso sea cierto, siempre toda la vida del ser humano será un misterio, pues nadie puede dar un veredicto de verdad en nada del ser humano.

Otra de las preguntas que nos hacemos, es como se llamaban los 12 apóstoles, que acompañaron a Jesús porque nunca se habla de ellos, y cuando estaban en la mesa sentados juntos a él, y que nunca se han nombrado sólo algunos, pero no saben los nombres de los otros, además para ese tiempo no se podía decir que las mesas existían, la mayoría de las veces se sentaban en el piso, pienso en tantas cosas de la época de Jesucristo.

Que a veces es un poco difícil entender, la mayoría de lo que paso en esa época de cuando Jesús vino al mundo, y concedido por María es una explicación un poco difícil de comprender, que paso en la niñez de Jesús, hasta que se hizo grande, que nunca han dado un relato de él, y que paso con su madre, después que el fue crucificado, tampoco son muchas las preguntas que nos hacemos, nunca se habla mucho de ella ni en las iglesias, tampoco comentan mucho de su pasado.

Algo de lo que quiero hablar es por ejemplo muchas personas buscan
en las iglesias la sanación, y lo bueno del ser humano pero que pasa en
algunas iglesias, tal como la evangélica, que la mayoría de ellos sólo buscan
su propio bienestar engañando a las personas, incautas con las palabras
bonitas, y sólo buscan engañar a las demás personas con falsos testimonios.

Sólo para ellos enriquecerse con el dinero de los pobres, que no tienen el entendimiento de la verdad, en este mundo que estamos viviendo hoy en día, si nos ponemos a pensar no vamos a estar en este mundo para siempre, pues el tiempo, que tenemos no lo sabemos, hagamos lo posible para ser mejores seres humanos, para poder llevar una vida feliz, porque en este mundo que vivimos aparecen tantas enfermedades,

por ejemplo la perdida de la memoria, Alzheimer's, el cáncer, la úlcera, la diabetes, la artritis, y muchas más se dicen que la mayoría de estas enfermedades en las personas, y los científicos, y la ciencia aún no dan con la cura para ellas, pienso para mí que estas enfermedades, la mayoría se produce por las comidas que consumimos, que la mayoría de ellas vienen con bacterias, que el ser humano no se da de cuenta de ello, más las que consumen con la tierra, y la vegetación, y los animales también estas bacterias las cogen en su propia casa que muchas personas no se lavan las manos.

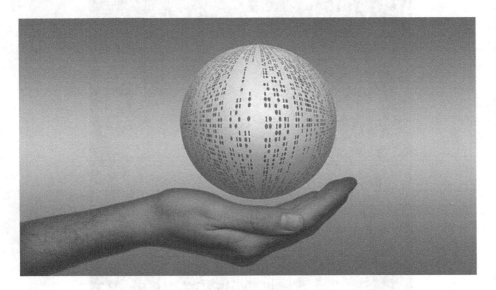

Y entran a los baños, y salen de él, y sin darse cuenta no se enjuagan las manos otra de las circunstancias de las bacterias son lo que compran en los sitios de comida rápida, que hay tampoco los trabajadores tampoco se lavan las, manos, y usan el mismo aceite para todo lo que sofríen, es donde más bacterias se les pega, y por supuesto cogen muchas de estas enfermedades, que estoy hablando aquí. Sé que en este mundo nadie va encontrar la cura, para la mayoría de estas enfermedades.

Cuando empezamos la adolescencia, y vamos recorriendo la vida es todo muy bonito al principio, pero a medida que va pasando el tiempo, y los años empiezan a decaer en uno, la vida va cambiando al principio todo nos párese bien, y cuando empiezan las enfermedades, y la vida rutinaria de cada cual la convivencia con otras personas, empiezan los conflictos en algunas personas, les cambia tanto la personalidad que se vuelven agresivos otros de malos hábitos,

y escogen el camino equivocado, se meten en las drogas a la maldad con otras personas, y al final de cuenta terminan presos o muertos otros escogen el camino correcto, y tienen una vida placentera, y a medida que pasan los años por la vida de uno, a todos nos espera lo mismo, irnos de este mundo pero el que escogió el camino correcto nos vamos en paz, las otras personas se quedan vagando en el mundo, si se puede decir que sea cierto, pues en esta vida nada sabemos de ella en sí.

Hablando un poco de qué pasa con la juventud de hoy en día en nuestras escuelas, El director de las escuelas, como los maestros, no dan la verdadera vigilancia en ellas, por ejemplo pueden poner cámaras tanto en los salones de clases como en la parte de afuera de los salones, también pueden tener dos personas afuera de los salones, para vigilar los niños mientras están en los recreos.

Digo dos personas para cuando uno tiene su tiempo libre, el otro pueda cubrir, así todo el tiempo ay alguien vigilándolos segundo, poner un reglamento en ellas, que cuando un niño cometa un bullyíng se le deberá castigar, la primera vez un mes sin clases, la segunda vez serán dos meses, así van cogiendo conciencia, y se acaba estos problemas pero mientras no se haga lo debido, nunca aprenderán a comportarse, y seguirán los malos hábitos.

También la policía en este tiempo, y la discriminación en este mundo que estamos viviendo, un ejemplo porque la policía también es corrupta en este tiempo, les diré algo, que tampoco los verdaderos jefes, y quien se encarga de llevar el verdadero mandato, no siguen las regulaciones para que se acabe la discriminación, que existe hoy en día por ejemplo cuando están tomando las clases, para poder ejercer esta profesión, porque no pone una vigilancia extrema, como cuando están tomando las clases, decirles desde un principio que las personas que no sigan las reglas de comportamiento como la discriminación, serán expulsados de inmediato.

y poner también cámaras en todas parte del cuartel, y tratar de buscar a varias personas dentro de ellos mismos, para que les hagan preguntas a los demás, por ejemplo que piensan ellos de la raza de color, como se comportan en sus hogares, y poner cámaras con grabaciones, y en cuanto una de estas personas. Comente algo malo, botarlos de inmediato, pues la discriminación es la más mala de este mundo, pues todos somos iguales, es una de las más grande desilusión de este mundo, y las matanzas que existen.

Porque se dividen los países si todos somos iguales, sólo nos diferencia el idioma, porque siempre las personas de cada país guardan tanta diferencia de un país a otro, cuando debiéramos saber que nacimos debajo del mismo cielo, y los idiomas que hablamos en algunos son parecidos sólo se diferencia el dialecto, y la manera de comunicación en otros como la china, o Brasil, Japón, y otros países son idiomas diferentes pero sólo eso es, lo único cuando debiéramos unirnos más, a veces esos países o los de habla del mismo idioma se van desapartando unos de los otros, cuando no se debiera ser así pues estamos en el mismo mundo, sólo nos separa la distancia.

Así no hubiera fronteras, y tanto mal en esta vida lo mucho que sufren algunos de los seres de otros países como el maltrato la mala vida el hambre, y la injusticia cuando en si debiéramos de estar más unidos, y así podríamos ayudarnos unos a otros, sin ninguna diferencia de país o de raza en este mundo, siempre ha habido una discriminación tan grande, que no debiera de ser así pues todos somos humanos, y hermanos en cada país de este mundo.

Quiero hablar de las parejas que algunos guardan un bonito romance entre de ellos, y duran a veces una eternidad, otros en cambio, el enlace entre ambos se vuelve una guerra contante entre ellos, al grado de haber un abuso extremo, y muchos llegan a hasta matar a sus parejas, y luego hasta suicidarse, y que pasa con esto más cuando tienen hijos, de por medio, que se quedan huérfanos, y otros recurren hasta matar a sus hijos.

También muchas de las parejas, no velan a sus hijos como es debido, y así ellos empiezan a tener una mala conducta tanto en sus casas como en las escuelas, y que viene pasando que no aprenden una carrera para su futuro, otros siguen la mala vida en las calles, y recurren a las drogas, y las pandillas por eso exhortó a los padres a llevar una mejor vigilancia con sus hijos, y velarlos asta en su propia casa cuando están usando las computadoras.

Los padres deben de tener mucha más comunicación con sus hijos, para que puedan tener más confianza de ellos, yo siempre he pensado que la vigilancia con ellos, es fundamental para que crezcan en una buena familia, y puedan tener un mejor futuro en sus vidas, voy hablar de la depresión que existe mucho en las personas, y como va desarrollándose a veces las personas pasan por un problema sentimental, con su pareja, otros por el estrés de una enfermedad, o no tienen trabajo para poder salir adelante, todos estos síntomas hacen que la persona lo lleve incluso a quitarse la vida, pues no pueden afrontar estos problemas,

que quizás si pueden tener solución, por ejemplo empiezo así lo primero es que si tiene problemas con su pareja, el mejor ejemplo es sentarse con su pareja decirle lo que siente, y tratar por todos los medios que le escuche, empiece con un regalo un paseo unas flores una llamada, hasta escríbale una carta ay muchas maneras para que ella lo escuche, lo segundo si es problema con su trabajo,

y no puede salir adelante, lo primero que tiene que hacer es no dedicarse a buscar lo que usted le gusta hacer, busque trabajo en todas partes, valla sitio por sitio preguntarle a las amistades, si tiene cosas de valor venda las, que lo material se recupera hasta que usted pueda salir adelante, después la recupera hasta mejor si tiene que pedir hágalo, que el orgullo vale menos que la estabilidad de la persona.

Tercero si las personas tienen en sus hogares un problema sea con su pareja o con sus hijos, y con la economía lo primero que deben de hacer es buscar una ayuda médica, o pues pueden estar pasando por la depresión, segundo hablar con su pareja con sus hijos con su familia con un amigo, no recurrir al suicidio por qué no componen nada con eso, pues usted se quita la vida, y que pasa? menos puede ayudar,

a su familia, pues ya usted no está para poder ayudarlos, y tampoco pensar en quitarle la vida a ellos, pues si usted no quiere seguir viviendo, no sea egoísta pues no compone nada con matarlos a ellos, deje que su familia siga adelante para que por lo menos haya alguien que piense en usted, cuando se valla de este mundo, todo el ser humano que vino a este mundo vino con un propósito en esta vida sea a estar bien o mal, pero mientras estemos hagamos lo posible por estar bien con nosotros mismos, y con el prójimo.

Hay países que se comportan de una manera ilógica, pero lo más lamentable es que los gobernantes, de estos países, son los que incurren a llevar a estos países por el mal camino, que a la larga lo que hacen es un daño a su población, y de esta manera no pueden salir adelante como es debido, y por tal motivo los lleva a una pobreza absoluta, porque no tienen los medios para salir adelante, muchos de la población que componen estos países, los llevan a buscar de una manera u otra a tratar de salir adelante, y los conducen a los vicios de las drogas, y hasta venderlas, otros escogen las pandillas, y el

robo, y de esta manera nunca pueden salir adelante, por eso exhorto a estos mandatarios a cambiar su manera de pensar, para que sus países puedan salir adelantes, y no piensen sólo en sus poderes, y la ambición, el mundo está muy divido por las iglesias, y por diferentes sectas religiosas, en vez de que hubiera sólo una religión, y un sólo Dios, no es así, y no encuentro él porque hay esa división tan grande, de ideologías tan inseparables, que lo que hacen es que haya esa división de costumbres, cuando somos todos humanos, me gustaría poder mandar un mensaje al mundo, en todas los diferentes lenguajes, de comunicación, de todas las razas para que haya un mejor acercamiento de todos, y se acabe en el mundo tanta indiferencia de unos a otros, pues la comunicación es algo que todos necesitamos, para que se acabe la discriminación, y podamos acercarnos más unos a otros en este magnífico mundo.

También voy hablar de estas personas que vienen a tener algo que ver en nuestro mundo, y es lo menos que el humano debe de seguir pues son personas que de una manera u otra han afectado el ser humano, y son hechos que ocurren diariamente en nuestro mundo, les hablare ahora de estos hombres que han tenido que ver en nuestro mundo. Los 7 hombres más mencionados de la historia empieza así a través de mis años de vivencia en el mundo, y conociendo el mundo, y de oír de cada una de estas personas que a atreves de los años han hecho historia con sus mentes puestas, y su ambición de querer dominar a todas las personas que se han cruzado a su paso, y querer vivir a base de la demás personas como reyes, tanto con la abundancia del dinero, como la del poder dominar a todas aquellas personas que se han cruzado a su paso, pero ninguna de ellas, al final solo han conseguido su desgracias o su muerte, según les iré describiendo en cada una de estas estrofas escritas en estas páginas, para que todo aquel que las lea trate de cambiar su manera de ser en este mundo, para que cuando piensen en la ambición, o en el poder sepan que a la larga solo encontraran la muerte, o su desgracia como explico en cada una de estas personas, que en el fondo ninguna fue feliz, y solo vivieron el ser perseguidos, y nunca aprendieron a disfrutar nada en este mundo. Mi primer personaje de este capítulo se trata de esta persona llamado Fidel Castro.

Nacido en Mayarí 1926 procedente de una familia de hacendados gallegos, estudio derecho en la universidad, y siendo una persona estudiada no se limito para la sublevación de su país fue preso por 2 años en la isla de pinos, le echaron 15 años solo cumplió 2 años.

Así siguió con sus ideologías castrista, y estuvo en su empeño hasta quedarse con la isla de cuba, para así imponer su imperio marxista hoy si ustedes, el publico piensan que una persona así a sido feliz en su vida con la violencia, y toda su vida estuvo en muertes, y maltratos a los demás seres humanos no lo creo, también en el año 1962 permitió que los soviéticos Instalaran en suelo cubano rampas de lanzamiento de misiles. Con las que podían alcanzarse objetivos en estados unidos descubierta por el espionaje americano.

Kennedy reacciono con un bloqueo naval a cuba, como un país como cuba, donde mujeres, niños, y ansíanos, han estado padeciendo bajo la necesidad pasando muchos hambre, viviendo en la pobreza, se puede catalogar a una persona como Fidel castro justo para la humanidad, y como él puede decir que ha sido feliz en su vida, a costa de sus esclavos, si así se le puede llamar al maltrato, y la rigidez que vive el país de cuba.

SEGUNDO PERSONAJE

segunda persona en la historia Osama Bin Laden, nació en 1957 en
Djedda, Arabia Saudí, de padre Yemen, y madre originaria de Siria dejo
su provincia natal de Hadramaut en el centro de Yemen, allí hizo una
fortuna colosal, gracias a sus relaciones con la familia real Saudita, que
teniendo ya una fortuna, y aprendió a trabajar en obras públicas, y se
destaco como hombre de negocios, y al parecer honesto, que todo
este logro alcanzado por el era para que pensara mejor su camino, ya
que el dinero para él no era la prioridad en su mente, se transformo
en la maldad de hacerle daño a las demás personas, una persona que
fue educada por preceptores privados tuvo una infancia maravillosa,
codeándose con los hijos de los príncipes, pero no lo supo aprovechar
lo que Dios le puso en su camino de la vida, este personaje un poco
diferente pero de igual manera de pensar en querer al cansar la gloria,

y su poder, no de riqueza pues siempre vivió en la abundancia, pero bajo diferentes métodos que son empezar a matar a todo aquel que se cruza en su camino, sea de una manera o de otra, y haciendo alarde de su superiodad al resto de sus seguidores que de una manera o de otra terminan haciendo todo lo que el que quiere, y los que no lo hacen los manda a matar para enseñar su poder, bajo la rigidez de su carácter fuerte, y agresivo, y hay de aquel que no cumpliera sus mandatos, Bin Laden hombre cruel, y sanguinario, dio rienda suelta a todo su poder, en el 1980 empieza a reclutar guerrilleros, y la ruptura definitiva con sus aliados, norteamericanos.

Se produjo en 1990 cuando, en su combate contra Irak, EE.UU. Desplegó tropas en Arabia Saudí, tierra de los lugares sagrados musulmanes, de La Meca, y Medina sabiendo que, después de la guerra del Golfo, la presencia norteamericana iba a durar más tiempo en suelo saudí, Bin Laden multiplicó sus llamamientos para derrocar a la monarquía saudí esta decisión le acarreó primero el destierro, en 1991, y dos años después, la pérdida de la ciudadanía saudí se trasladó a Sudán, donde permaneció cinco años, pero, debido a las presiones de EE.UU., fue expulsado por el Gobierno sudaneses, el gobierno de Estados Unidos lo ayuda sin saber a la clase de persona que estaban ayudando, y su organización estableció como objetivo prioritario el ataque a Estados Unidos.

Tras el ataque de las torres gemelas de nueva York el 11 de septiembre, de 2001 en el ataque, fallecieron miles de personas, así se convirtió el terrorista mas buscado, pero mi pensar que espero sea parecido al resto de la humanidad, este hombre fue feliz, o de que le sirvió todo lo que hiso para hoy en día solo se recuerda, como una persona que solo vivió para hacerle daño a los demás, este fue Osama Bin Laden.

TERCER PERSONAJE

Tercer personaje de mi historia, llamado Adolf Hitler, nació el 20 de abril de 1889 en Braunau del in, pueblo fronterizo de la alta Austria, y fue el tercer hijo de Alois Hitler, y su tercera esposa clara polzi La primera guerra mundial había dejado una Alemania derrotada política, y económicamente en un Frustrado proceso por implantar la democracia liberal, que ello unido al arraigo de su tradición militar, como ciertos hábitos autoritarios Adolf Hitler, con maestría elemento del racismo consiguió el apoyo de un ejército herido, en su honor los sindicatos, y el temor de la ideología marxista de una clase media supo concitar el odio a los judíos, y supo implantar sus deseos de dominar al mundo.

Así se ha especulado el alcoholismo de su padre que murió confinado en un manicomio, y su madre fue una prostituta, y de todas maneras por ningún motivo de su problema familiar, no era para que pensara en el poder, y los maltratos que el acostumbraba hacer, su padre murió el 3 de enero de 1903 dejando una pensión a su viuda, dos años después su madre vendió la casa por 10 mil dólares, en el 1905 Adolf concluye sus estudios por obligación.

Cuando su madre muere en 1907 se traslado a Viena, y así el siguió hasta que se instalo en el poder, y empezó a matar a toda persona que obstruía su paso, durante todo el año siguiente Hitler consumió cantidades de esos panfletos racistas, ya entonces vivía miserablemente, había agotado su herencia, y no trabajaba; se alojaba en una residencia para hombres indigentes, y pasaba hambre en sus vagabundeos por Viena, además mientras los dos cadáveres eran consumidos por las llamas, en el jardín del búnker, Bormann comunicó por radio a Dönitz que Hitler lo había designado su sucesor, pero ocultó la muerte del Führer aún veinticuatro horas más, en ese lapso, él y Goebbels intentaron una nueva negociación con los soviéticos; pero fue un esfuerso inútil. Entonces telegrafiaron otra vez a Dönitz comunicándole la muerte, la noticia se dio por la radio el 1 de mayo con fondo de Wagner y Bruckner, dando a entender que el Führer había sido un héroe que había caído luchando hasta el fin contra el bolchevismo, esa noche se llevó a cabo una huida masiva, y fueron muchos los que lograron fugarse de Berlín. Goebbels prefirió envenenar a sus hijos, luego mató a su mujer de un balazo, y se Suicidó de un tiro el 7 de mayo de 1945

se firmó la capitulación en Reims, y el día 9 se repitió la firma en Berlín. Ese mismo día se suspendieron todas las hostilidades en los frentes europeos el Reich había sobrevivido a su creador exactamente siete días usó la frontera alemana, instalándose en Munich quiero hacerles entender que este personaje fue unos de los más crueles que estuvo en el poder, hasta que la muerte puso fin a su crueldad con los demás el llamado Adolf Hitler. Cuarta historia Este es la cuarta persona de este capítulo se trata de Saddam Hussein, nació en Bagdad en el año del 1937 político Iraqui estudio es la universidad de Bagdad del Cairo, y en el 1957. Se afilio al partido Bass nacionalista, llego atentar contra la vida de Abd el Karim Kassim en el año 1959 por lo que hubo de exiliarse durante 4 años, de regreso a su país, continuo con su actividades políticas, y en 1968 tomo parte en el golpe de estado Battista en el 1979 fue nombrado presidente de la república ataco a Irán tras 8 años de cruel conflicto, un Irán desgarrado, acepto el armisticio, allano las fuentes de petróleo,

Y declaro bastantes guerras, y conflictos en Irak, y el golfo y contra los kurdos lideró el presidente Bushtras los atentados de septiembre de 2001, el régimen en el Norteen el contexto de la lucha internacional contra el terrorismo, que de Hussein se convirtió en uno de los objetivos, prioritarios de la Administración estadounidense. Liquidado el régimen talibán en Afganistán, Estados Unidos apuntó su maquinaria bélica hacia Bagdad, y Hussein debió aceptar el retorno de los inspectores de la ONU (noviembre de 2002), e inició la destrucción de sus misiles de alcance medio en un intento de frenar la anunciada ofensiva sin embargo, la relativa cooperación de Saddam Hussein no impidió que el 20 de Marzo de 2003.

Estados Unidos iniciara una ofensiva sobre el territorio iraquí, al margen de las resoluciones de la ONU, y con la oposición de la opinión pública internacional el 9 de abril cayó la capital, Bagdad, y con ella el régimen de Saddam, si bien la guerra se prolongó hasta el día 14, en que el ejército estadounidense tomó Tikrití, localidad natal de Hussein, y último reducto de resistencia organizada. Capturada Bagdad, y finalizados los combates, quedaba pendiente la captura de Saddam

Hussein, la cual tuvo lugar el 13 de diciembre se iniciaba una nueva etapa en la historia de Irak.

El 19 de octubre de 2005 comenzó el juicio contra Hussein, acusado por la muerte de 148 iraquíes chiíes de la aldea de Duyail en 1982; el 5 de noviembre de 2006 el tribunal decretó la pena de muerte en la horca para el ex mandatario, la que se hizo efectiva el 30 de diciembre del mismo año en Bagdad entonces después de ustedes esta historia de Saddam Hussein ustedes puedan pensar que este hombre consiguió la felicidad en vida.

Quinto personaje Esta es la quinta persona de mi capitulo se trata nada menos que (Pablo Emilio Escobar Gaviria; Rionegro, Antioquia, 1949 – Medellín, 1993) Narcotraficante colombiano que fue uno de los fundadores del llamado Cártel de Medellín. Hijo de un administrador de fincas, y de una maestra rural empezó en oficios menores, lavando coches o ayudando en los mercados; también fue criador de vacas, para luego pasar a matón a sueldo, y ladrón de coches carrera delictiva se inició con la compra de objetos robados, y el contrabando a pequeña escala, hasta que se introdujo en el tráfico de mariguana, y el de cocaína por esta época.

Escobar inició su carrera política, y levantó un barrio para desheredados en Medellín, llamado Medellín sin Tugurios o el barrio de Pablo Escobar, un gueto de 780 viviendas unifamiliares, que construyó con destino a la gente necesitada para obtener los votos que le convirtieron primero en teniente de alcalde, del ayuntamiento de Medellín.

Y después, como candidato del Movimiento de Renovación Liberal, en diputado suplente del Congreso de la República en 1982.Fue denunciado por tráfico de drogas, lo que originó su fracaso en la política, y se dedicó a promover una serie de campañas cívicas, y obras sociales con ayuda de los sacerdotes, Pablo Escobar fue, uno de los fundadores del Cartel de Medellín -llamado en su nacimiento MAS (Muerte a los Secuestradores)-, cuyo origen fue el secuestro de Marta Nieves Ochoa. Desde 1983, cuando el Departamento Antidroga de los Estados Unidos, lo vinculó a las organizaciones de narcotráfico, Escobar se sumió en la clandestinidad, y logró salir airoso de un asedio periódico de autoridades colombianas, y agencias secretas internacionales como la interpol, y la dea además de tráfico de droga a gran escala, sobre él pesaban acusaciones tan graves como la de los asesinatos del director del diario El Espectador, Guillermo Cano; del ministro De Justicia. Rodrigo Lara Bonilla, en 1984; del Líder de Partido Liberal, y candidato presidencial de Colombia, Luis Carlos Galán, en 1989; y del secuestro de ocho periodistas, uno de los cuales murió. Montoya, hermana del secretario de la residencia durante el Gobierno de Virgilio Barco, en enero de 1991. También se le acusó de haber organizado una vasta industria ilegal, responsable indirectamente de gran parte de los veinticinco mil crímenes que se cometían anualmente en Colombia. La policía colombiana, para quien Escobar es responsable de prácticamente todo lo que ocurría en el país, y terminando mi historia de este personaje siempre hago hincapié en mi teoría, que para ser feliz en la vida no es necesario vivir de querer la grandeza a costa de los demás, y no estar feliz nunca, de maltratar a tantas personas. Este fue Pablo escobar Gaviria. Sexto personaje.

Esta es la sexta persona de mi historia de estas personas que nacieron con diferentes maneras de pensar Alphonse Capone, llamado Scarface cara cortada Nueva York 1889-Miami Beach, 1947) Gángster y contrabandista estadounidense. Hasta los nueve años estudió en una escuela de Brooklyn, pero la abandonó para pasar a formar parte de las bandas de la ciudad Pronto ingresó en la Five Points Ganga, liderada por Johnny Torrio, gángster que en 1909 se trasladó a Chicago.

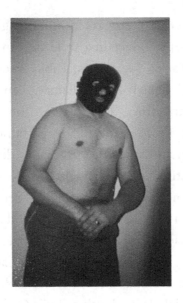

Donde comenzó a trabajar a las órdenes de Big Jim Colosimo Johnny Torrio pasó a dirigir la banda gracias al asesinato de su jefe, no se sabe con seguridad si eliminado por Capone o por Frankie Yale. En cualquier caso, Torrio confió a Capone, ya en los años veinte, la dirección de la organización de la banda, dedicada a la explotación de la prostitución, el juego ilegal, y el tráfico de alcohol. En 1925 Torrio se retiró, y Capone tomó el mando. Se adueñó del hampa en Chicago después de eliminar a todos sus rivales en una serie de guerras mafiosas, cuyo detonante fue el asesinato de O'Banion. Hacia 1926 ejercía el control de la mafia de la ciudad.

Y reunia a todas las bandas excepto dos, la de Aiello, y la de Bugs. Capone, y sus hombres mataron a todos los miembros de la banda de Aiello en menos de un mes. Los enfrentamientos culminaron con el acribillamiento en un garaje de los cinco jefes de la banda de Bugs, el día de San Valentín de 1929. Tras deshacerse de sus rivales, siguió enriqueciéndose gracias al tráfico ilegal de bebidas alcohólicas ocasionado por la Ley Seca, y a través de su vasta red clandestina de salas de juego. Se calcula que en 1927 la fortuna de Capone ascendía a cien millones de dólares. Tras años de persecución policial infructuosa, y ante la falta de pruebas, fue detenido finalmente por evasión de Impuestos, y en el año 1931.

Condenado a once años de prisión. Ingresó en la cárcel de Atlanta en 1932, y en 1934 fue trasladado al centro penitenciario de Alcatraz. Tras ocho años en prisión, se le concedió la libertad condicional: su deterioro mental y físico era ya considerable, al parecer a causa de la sífilis. Tras pasar un tiempo ingresado en el hospital, se retiró a su mansión de Miami Beach, donde residió hasta el final de sus días falleció halos 48 años fue unos de los millonarios más ricos de la historia que pena que no supo valorar su vida solo por la ambición del dinero, y la buena vida, y Alphonse capone murió demasiado de joven desperdicio su vida.

SÉPTIMO PERSONAJE

Esta es la séptima persona de mi historia, y la ultima de estos seres que se creyeron reyes del mundo, y solo encontraron su muerte al final o su desgracia se trata de Mao TSE Tung que arraso con la vida de mas 70 millones de chinos en sus tiempos (Hunan, China, 1893 – Pekín, 1976) Político, y estadista chino.

Nacido en el seno de una familia de trabajadores rurales, en el medio donde transcurrió su infancia, la educación escolar sólo era considerada útil en la medida en que pudiera ser aplicada a tareas como llevar registros, y otras propias de la producción agrícola, por lo que a la edad de trece años Mao Tse-Tung hubo de abandonar los estudios para dedicarse de lleno al trabajo en la granja familiar. Sin embargo, el

joven Mao dejó la casa paterna, y entró en la Escuela de Magisterio
en Changsha, donde comenzó a tomar contacto con el pensamiento
occidental. más tarde se enroló en el Ejército Nacionalista, en el
que sirvió durante medio año, tras lo cual regresó a Changsha, y fue
nombrado director de una escuela primaria más adelante, trabajó en la
Universidad de Pekín como bibliotecario ayudante, y leyó, entre otros,
a Bakunin, y Kropotkin, además de tomar contacto con dos hombres
clave de la que habría de ser la revolución socialista china: Li Dazhao, y
Chen Duxiupos de alcanzar la gloria, y vivir su vida como él creía que
era. El 4 de mayo de 1919 estalló en Pekín la revuelta estudiantil contra
Japón, en la que Mao Tse-Tung tomó parte activa.

En1921 participó en la creación del Partido Comunista, y dos años
más tarde, al formar el partido una alianza con el Partido Nacionalista,
Mao quedó como responsable de organización de regreso en su Hunan
natal, entendió que el sufrimiento de los campesinos era la fuerza
que debía promover el cambio social en el país, idea que expresó, sin

embargo la alianza con los nacionalistas se quebró, los comunistas, y sus Instituciones,

fueron diezmados, y la rebelión campesina, reprimida; junto a un numeroso contingente de campesinos, Mao huyó a la región montañosa de Jiangxi, desde donde dirigió una guerra de guerrillas contra Jiang Jieshi, jefe de sus antiguos aliados. El ejército Rojo, nombre dado a las milicias del Partido Comunista, logró ocupar alternativamente distintas regiones rurales del país. En 1930, la primera esposa de Mao fue asesinada por los nacionalistas, tras lo cual contrajo nuevo matrimonio con He Zizhen. al año siguiente se autoproclamó la nueva República Soviética de China, de la que Mao fue elegido presidente, y desafió al comité de su partido a abandonar la burocracia de la política urbana, y centrar su atención en el campesinado. Esta novela esta basada en hechos reales que ocurren hoy en día en nuestro tiempo, por eso mas que una novela es un mensaje que le mando al mundo, para que se acaben las desgracias que estamos viviendo cada ser humano en estos días modernos, que las persona que la lean vallan cogiendo juicio en los días de hoy, y la juventud especialmente trate de estudiar, y buscar un camino mejor, para su existencia en este mundo, pues Dios nos da la sabiduría la mente para escoger nuestro camino en el mundo, solo nosotros mismos somos los que escogeremos el camino correcto, para que este mundo sea algún día mejor, y no hagan tantas muertes injustas, y tratemos de ser felices, sin la maldad en nuestros corazones.

OCTAVO PERSONAJE

Esta es mi última historia de estos personajes que no juzgo a ninguno de ellos por querer vivir una vida fácil a base del dinero y la mala vida solo pongo un ejemplo para que nadie vaya a pasar por lo mismo y escoja el buen camino. Joaquín Guzmán Loera tuvo al menos nueve hijos con tres mujeres. Uno de ellos, al igual que uno de sus hermanos, fue asesinado. Otros miembros de su familia han sido detenidos y unos más han sido señalados por las autoridades mexicanas y estadounidenses.

El Chapo, arrestado por marinos mexicanos en la ciudad turística de Mazatlán, Sinaloa en 2014 y quien se fugó este sábado, tuvo tres mujeres y seis hombres. De su primer matrimonio, con Alejandrina María Salazar Hernández en 1977, nacieron César, Iván Archivaldo y Jesús Alfredo. Con su segunda esposa, Griselda López Pérez (conocida también como Karla Pérez Rojo) tuvo a Joaquín, Édgar, Ovidio y Griselda Guadalupe. En 2007, Guzmán Loera se casó con Emma Coronel Aispuro, originaria de La Angostura, Durango, Con Emma Coronel, una exreina de belleza en Durango, tuvo dos hijas gemelas, María Joaquina y Emali Guadalupe, Estas son las historias de su familia conocidas hasta ahora: Las supuestas 50,000 rosas para Édgar Édgar Guzmán Salazar fue baleado junto con sus acompañantes en el estacionamiento de un centro comercial de Culiacán, Sinaloa, en mayo de 2008. La policía encontró en el lugar más de 500 casquillos de rifles AK-47. La muerte del joven de 22 años ocurrió casi cuatro meses después de la captura por parte del Ejército de Alfredo Beltrán Leyva El Mochomo. El hermano del detenido y el líder del cártel del Golfo, Arturo Beltrán Leyva, atribuyó la detención a una traición de Guzmán Loera y motivó una ruptura contra el cártel de Sinaloa. En un corrido surgido tras la muerte de Guzmán Salazar, El proceso contra Iván Archivaldo Iván Archivaldo Guzmán Salazar, apodado El Chapito, fue detenido en 2005 en Zapopan, en la zona metropolitana de Guadalajara, y acusado de lavado de dinero para la organización dirigida por su padre. Fue liberado en abril de 2008 después de que el gobierno mexicano falló en acreditar su culpabilidad. El juez que dictó la liberación, Jesús Guadalupe Luna luego sujeto a una investigación por supuestas irregularidades. Adiós al hermano y colaborador El 21 de septiembre de 2001, casi ocho meses después de la fuga de Guzmán Loera del penal de Puente Grande, el gobierno federal consiguió su primer golpe contra el capo con la detención de su hermano, Arturo Guzmán Loera, en la Ciudad de México. El Pollo, como era conocido, había asumido el liderazgo del cártel de Sinaloa mientras su hermano permaneció preso y tras su captura fue internado en el penal del

Altiplano, en Jalisco. Otro hermano va a la cárcel Miguel Ángel Guzmán Loera El Mudo fue detenido por el Ejército mexicano en Culiacán en junio de 2005, mientras celebraba los 15 años de su hija. La Secretaría de la Defensa Nacional acusó al hermano del Chapo del trasiego aéreo de drogas y dinero "en grandes cantidades" para el cártel de Sinaloa hacia Estados Unidos. En agosto de 2008, Miguel Ángel Guzmán fue condenado a 13 años de prisión, condena que purga actualmente en el penal del Altiplano, en un área especial que desde este sábado comparte con su hermano, según un reporte de Milenio Televisión. La declaración de Griselda Agentes federales detuvieron en mayo de 2010 a Griselda López, la segunda esposa de Guzmán Loera, en su domicilio en Culiacán, Sinaloa.

CAMINO DESCONOCIDO

Quiero escoger un camino pero el camino correcto, se que en la vida hay muchos caminos, pero solo uno me llevara donde quiero, empezaré por este veré donde me lleva, empiezo mi caminata, y llego donde se encuentran varios chicos como yo jugando en la calle, les hablo, puedo entrar en el juego uno le dice, y de dónde eres no te había visto por estos rumbos, bueno les diré me acabo de ir de mi casa, y que edad tú tienes pues te miras como nosotros, pues tengo 15 años, y tu bueno, yo tengo 14 soy Javier como es tu nombre me llamo José, y saludos a todos, uno le pregunta? José, y si te fuiste de la casa adonde dormirás, el bueno por hay donde me coja la noche, y otro le pregunta? y para comer, bueno ya veré que haré se acerca el más grande entre ellos, y le dice mira mi nombre es Juan, y te propongo algo si te interesa, el yo le entro a lo que sea, bueno si es así te ayudaremos de lo contrario te vas, el pues dime de qué se trata, te diré, nosotros vendemos droga, y la consumamos también, el, bueno yo les puedo servir, y como será mi paga, Juan depende de lo que vendas, el está bien pues sentémonos aquí, y te explicare como es el asunto.

Veras en la escuela que estudiamos se la vendemos a los otros chicos, como nosotros, pero me imagino tu no estás en la escuela, si así es, pues bien tu se las venderás a los extraños, que pasan por la calle, por ejemplo te paras en las esquinas, y se las ofrece, pero antes tienes que observar bien a la persona, que no valla ser un policía, también te paras frente a los supermercados, y las tiendas en fin así empiezas a buscar clientela, te daremos por cada cliente un cinco por ciento de cada dólar que vendas, te parece bien para empezar, el, está bien, bueno nos encontraremos todos los días en este mismo lugar te párese, el, si estupendo, y cuando empiezo, bueno hoy mismo recuerda que uno de nosotros te va a estar observando no hay cuidado, bueno así empieza el camino que escogí, mi destino por el momento, este camino que empiezo a recorrer, por el momento empiezo a vender droga, y al mismo tiempo a consumirla, para así no pensar mucho, si estaba bien o mal, así pasan los meses, y me hago de algún dinero, y de esa manera consigo un sitio para vivir pero a medida que pasa el tiempo, me di cuenta que ya tenía que consumir la droga para poder estar, y un día que estoy en una esquina, veo a este hombre.

que se baja de un taxi, bien vestido, pero mirando para todos los lados, como el que busca algo, y me decidí preguntarle? Si buscaba algo el hombre me dice mire joven la verdad estoy un poco confuso, y alguien me dijo que por este rumbo, se podía conseguir marihuana, pero no se de que forma la puedo conseguir, le dije, bueno está hablando con la persona indicada, yo se la puedo conseguir, el hombre me dice, y que edad tu tienes le dije bueno tengo 15 años pero voy a cumplir los 16 el mes que viene, y Porque la pregunta, bueno me imagino estas muy joven para saber de esto, le dije bueno si le interesa, me dice si no pues siga su camino, el hombre me dice bueno si me interesa, pero no pensé que tu tan joven estuvieras involucrado en esto, bueno ese es mi problema, el me dice bueno, y que cantidad me puedes conseguir, le dije la cantidad que usted quiera? él y como seria el trato, el chico, bueno vallamos detrás de esa casa le doy una muestra, si le interesa me dice cuanto quiere bueno vallamos, y se meten, detrás de un solar vacío.

le saque un cigarrillo, el lo fuma un poquito, y me dice si es bueno, pues consígueme un kilo por el momento, para cuando lo quiere? bueno para ahora mismo, le dije espéreme aquí se lo traigo, en 10 minutos voy a mi casa entro, y cuando voy a salir el hombre que me había, seguido, me empuja para adentro, y saca unas esposas, y me las pone, y me dice, mira chico quedas detenido, soy policía, y alguien me había informado ya de ti, por eso fue que pude llegar a ti, así es que acompáñame, y ya afuera estaba el carro de la policía, y me llevan al cuartel me detienen un rato, después de ahí me llevan a un centro juvenil de detención, y me explican que por ser menor de edad me van a tener hay, hasta que cumpla la mayoría de edad, bueno pasa el tiempo adentro del lugar me puse a estudiar, y aprendí bastante en los 3 años que estuve internado, me llaman me dicen que ya podía irme pero que si volvía a recaer entonces me iba a ir peor, pero les dije que había aprendido la lesión, y que iba a hacer lo posible por salir adelante en todo, ese tiempo que estuve recluido mi madre me estuvo visitando, y me aconsejo que debiera de cambiar mi modo de ser, si quería tener un futuro mejor, le prometí a ella que así iba a hacer.

Ese día, cuando salgo mi madre me estaba esperando, le pedí perdón, y que todo va ser diferente, mi hermano, y mi hermana vinieron con mi mama todos estaban contentos de verme, y ese día ha sido el día más feliz para mi, desde hace tiempo, bueno ya instalado en la casa de mi mama empecé a buscar un trabajo parte de tiempo, para poder seguir estudiando, lo que aprendí en la correccional que era tecnología, y ciencias que siempre fue una área que me ha fascinado, bueno voy a un taller de autos, y solicito trabajo, y me aceptan para limpiar los carros por dentro, y así empieza otra etapa de mi vida, solo me preocupaba algo, mi mama me dijo que mi hermano mayor hacía tiempo estaba trabajando, y manteniendo todo en la casa, y que de paso había comprado la casa en la que vivíamos, y encima estaba pagando los estudios de mi hermana, y nunca faltaba nada en la casa, pero nunca le decía en que trabajaba, eso me pareció a mi extraño, y me dio con preguntarle a mi hermano, si podía decirme en que trabajaba, le hago la pregunta? el me dice mira hermano te diré la verdad, pero espero que esto que te voy a decir que quede entre tú y yo pues bien te diré que mi trabajo consiste en importaciones,

para todos los países, de toda clase como carros, y otras cosas, que ya te puedes imaginar, no me digas que es droga, el, si es, todo lo que me paguen, pero hermano vistes lo que me paso a mí, tu quieres que te pase lo mismo si te atrapan, bueno espero que no me ocurra, pero es que ya estoy cansado de trabajar en todo, y es de la única forma que me puedo conseguir el billete, y que pueda solucionar, con eso es que eh podido mantener esta casa, y todo, pero hermano hay otras soluciones yo en el tiempo que estuve encerrado me di cuenta que lo fácil nos puede traer problemas malos, así es que piénsalo, y no cometas el mismo error que yo cometí, todavía estas a tiempo de salir de esto, bueno lo pensare te lo prometo, y gracias por tus buenos deseos, bueno así pasa un tiempo, y mi hermano me dice mira esta noche el grupo, que estoy unido en la entrega, me encomendaron una misión, para una entrega de mercancía bien fuerte, y será mañana, y me dieron, este dinero adelantado quiero que lo guardes, le digo oh!! esta es una suma de dinero inmensa,

y es solo el adelanto, además te daré este numero de mi banco, en el puse tu nombre, y tus datos para si algún día me pasara algo tu pudieras sacar ese dinero, así es que si quieres ves al banco, y deposita el que te acabo de dar, pues la verdad mañana no tendré tiempo para nada, y como te prometí este va a ser mi último trabajo, con ellos, pienso dedicarme a otra cosa, bueno entonces todo esta hablado ya sabes, y tu cuídate mucho por favor si así lo hare, estaré todo el día por allá pero ya mañana vendré, al otro día voy temprano al banco, deposito el dinero de mi hermano, y así llega la noche, que mi hermano estaba supuesto a llegar, pero nada, transcurrió toda la noche, y el no regreso, tanto mi mama como mi hermana estaban preocupadas, llega el otro día, y nada, le dije a mi mama que nos aguantáramos un poco antes de dar parte a las autoridades, pues como él estaba en malos pasos era mejor esperar, bueno así transcurrió dos días, y fuimos a las autoridades, y lo notificamos así pasa un mes, y nada, una noche llega la policía, y nos notifica, que habían encontrado un cuerpo a las orillas de un lago, y querían que fuéramos para ver si era mi hermano,

y así fue, era él, mi madre que ya estaba mal, cayó en una depresión, y mi hermana se la pasaba triste, pero así era la realidad, se le dio sepultura después que le hicieron la autopsia, que comprobó que lo habían matado, y una nota que habían dejado donde decían que lo habían matado por desertor,

en otras palabras al él notificar que ya no iba a seguir con ellos, fue que
lo mataron, así fue que más se me hizo a mí en mi mente que los malos
pasos tienen un amargo final, bueno la vida continua, y empecé a buscar
de que manera podía yo hacerme cargo ya que mi hermano no estaba,
de los gastos de la casa, y como mantener a mi familia, estuve hablando
con mi hermana, y ella me dice, sabes estoy estudiando cosmetología
porque algún día quiero poner un negocio de hacer peinados, y
recortes, porque eso deja mucho dinero solo que tendría que conseguir
un trabajo para tener el dinero, para poner el negoció, de pronto me
recuerdo del dinero que me dijo mi hermano, que el tenia en el banco,
y le pregunto a mi hermana, Sonia, y como cuanto seria, necesario para
poner un negoció así? Sonia le dice, bueno habría que buscar un local,
pero a la vez pienso que la casa que mi hermano nos compro, está en
una área buena para el negoció, que se podría poner en la planta de
abajo, y nos mudamos para el piso de arriba, sabes hermana tu sueño se
va hacer realidad pues pienso que tengo el dinero para ponerlo, Sonia
como así no estarás en malos pasos otra vez, no para nada solo que
nuestro hermano me dio aseso a su cuenta del dinero, que él tiene en
el banco, y es bastante por lo que pude apreciar, así es que tú me dices
que te aria falta, y podemos comenzar enseguida, ella, bueno tendríamos
que arreglar el sitio con una decoración tendríamos que comprar por
lo menos 2 sillas reclinables, para las personas que vienen a hacerse el
pelo, un escritorio con su silla, y por lo menos 15 sillas pequeñas para
las personas que esperan por su turno, equipo para los enjuagues de
cabellos, con sus sillas, además necesitare por lo menos 3 ayudantes
o sea 2 chicas para recortar el cabello, una para que se dedique a los
enjuagues del cabello, y por supuesto tendríamos que pagarle a ellas, por
el momento les podemos decir, que como estamos comenzando tendrán
un sueldo bajo, y se les irá aumentando a medida que el negocio valla
prosperando, y mientras se que vas a necesitar una suma de dinero un
poco alta, ya después a medida que el negocio valla dando resultados
se puede ir ahorrando, el, que no se diga mas como tú sabes de eso
te lo dejo a tu elección, lo que vas a comprar, yo por el momento

seguiré buscando trabajo para que las cosas caminen mejor, la mama les dice, bueno yo le ayudo a mi hija en lo que pueda, y sé que saldremos adelante con la ayuda de Dios, el, entonces bueno ya todo está hablado, desde mañana en adelante comenzaremos a arreglar el local, así se presentan varias chicas para el trabajo, y empezamos en la búsqueda de las adecuadas que tengan el conocimiento de trabajar en los salones de bellezas, la primera que se presenta es esta de la república dominicana.

Y luego se presenta esta del país de puerto rico, y nos decidimos a coger las dos pues reúnen lo que estamos buscando belleza, y buena postura en conocimientos del trabajo que van a desempeñar.

Empiezan los arreglos del local, y a comprar lo necesario para el negoció, y así pasa el tiempo, y consiguen las chicas que se les unen al negocio, viene pasando, que José se enamora de una de las chicas, y se lo deja saber a su hermana, que le párese bien, y así comienza otra etapa en la vida de José, y un día llega su novia a su casa llorando, él le pregunta? que te pasa, y ella entre sollozos le cuenta que su hermanita está siendo abusada en la escuela por el bullying a los niños, y su padre contacto a los principales, y dio una querella a la policía de lo que estaba pasando, así pasa un tiempo, y le preguntan a la niña como le va, y ella le contesta que todo está bien, pero a la semana ella sale para la escuela, y no regresa, los padres sumamente preocupados empiezan a buscarla, y así pasan varias semanas, y la policía también decide buscarla, y la encuentran en unos pastizales muerta.

Y con una nota que decía, siento dejar a mis padres, pero no aguanto más lo que e estado pasando en la escuela, y los niños que me abusaron, decían que si les decía algo a mis padres los iban a matar, por eso fue que ya no les informe, espero me perdonen por este paso que tome, pero a mi corta edad dejo escrito que para que no les vuelva a pasar esto a otros niños, los padres deben de tomarnos más en cuenta, y vigilarlos en las escuelas, y si ven algo malo cambiarlos de escuela, una vez le comente a mi padre, de porque no nos mudábamos para otro lugar, y él ni caso me hiso, quizás si así hubiera sido no abría tomado este paso que e dado, les pido perdón, y que no cojan esto personal, pues se que ellos en el fondo no tienen la culpa de lo que me a pasado, a veces los padres nos quieren tanto que no se dan cuenta de lo que pasa en nuestro alrededor, pues cree en que nada malo nos va a pasar, en realidad dejo esta nota no culpando a mis padres, si no para que otras personas se involucren mas con los niños, así va pasando el tiempo, y José espero que su novia se restablezca un poco por la muerte de su hermana, y así decide casarse con ella.

empieza los preparativos para casarse con Mary, llega el día tan anhelado, y comienzan los preparativos para la boda, y deciden comenzar con la invitación a los más allegados, y buscar la iglesia donde casarse, y así alquilan un club, y consiguen una orquesta para amenizar el momento, así encuentran la iglesia, y fijan la fecha para casarse, y deciden que sea el 31 de marzo que viene siendo el día de él cumpleaños de ambos, pues nacieron el mismo día, y así llega el día tan anhelado de ambos, y consiguen la madrina de los novios, que viene siendo la mejor amiga de ella, y así llegan a la iglesia donde se casaran, y comienza la boda, y van al frente, y el cura les empieza hacer, las preguntas de rigor de un matrimonio, primero le pregunta a el novio? José buenaventura, acepta por esposa a Mari ríos, José, si acepto, Mary ríos acepta por esposo a José buenaventura, ella, si acepto, el cura, si hay alguien de los de aquí presente que no esté de acuerdo con esta boda que lo diga en este momento, silencio total, el cura, bueno José buenaventura y Mary ríos quedan casados por la leyes de la iglesia católica, y por las leyes de él santísimo Dios.

Y así se casan, y después se van de luna de miel por todo el continente, y deciden viajar para otros países, y deciden ir a México, y después viajan para Colombia, y así sucesivamente así pasa el tiempo, y el negocio prospera, y en ese tiempo la hermana de José, que también se a enamorado, se casa con su pareja llamado Javier, pero pasa que ella no se dio el tiempo para conocer a su pareja bien, antes de consumir el matrimonio, y resulta que Javier estaba envuelto en la política, pero a base de llegar al poder para el puesto de gobernador del estado, lo estaba haciendo a base de malos actos, y corrupción con sus allegados, que lo ayudaban, así pasa que un día.

Uno de sus más allegados colaboradores en sus actos malos de corrupción, le pide un dinero, y este al negárselo lo acusa, y enseña videos de el sobornándolo con dinero, la misma policía que eran colaboradores de él, y así tanto él, como los policías envueltos van presos, y así tras el estar en prisión lo matan adentro, y Sonia queda viuda con sus dos hijos, que estuvo con su esposo, y así comenta con su hermano José, le dice la verdad no se qué pasa me siento deprimida, y después con dos hijos, el, le dice sabes hermana, lo que pasa en esta vida, no los buscamos nosotros mismos, y cuando se obra mal así uno termina, mírame a mí lo que me paso cuando estaba en mal camino, todo me salió mal, pero al encomendar mis errores las cosas me han salido bien, en otras palabras el que escoge el camino malo, mal termina a la larga, ella, le dice si hermano tienes toda la razón, y me alegro escucharte se que eres una buena persona, el, si hago lo imposible para mantenerme en lo correcto, ella, si, y voy a educar a mis hijos para llevarlos por el camino correcto en esta a vida, el, pero no te preocupes se que tu también saldrás bien pues eres una hermana ejemplar, y así va pasando el tiempo, y como aun estaba joven me da con emprender una aventura, y consulto con Mary, mira se que las cosas marchan bien para ti, y mi hermana con el negocio.

Pero mi sueño era un día poder viajar para estados unidos, y había decidido irme para abrir camino, y después mandarte a buscar a ti, y a mi hermana, le dice Mary pero José debes pensarlo porque no nos hace falta nada, el, pero ha sido mi sueño de vivir en estados unidos déjame intentarlo, ella, bueno sé que cuando te propones algo no ay quien te haga cambiar pero debes pensarlo bien, el, ya está pensado la semana que viene voy a intentar cruzar la frontera, así pasa la semana, y José empieza la caminata, y pasa un mes de largas travesías, y llega a la frontera, y pasa al otro lado sin muchos problemas, y decide pasar a California, y llega, y empieza a buscar trabajo, y consigue trabajo arreglando techos de casas, y así empieza a escribirle a su mujer, y a su hermana, y les ayuda con parte de dinero, pero para él tampoco es muy buena la estancia con los trabajos, para conseguir donde vivir, y un sitio estable, pero aun así mantiene la fe de salir adelante, pero empieza a transcurrir el tiempo, y empieza a echar de menos a su esposa e hermana, y decide mandarlas a buscar, y con mucho esfuerzo lo logra, y ya están toda la familia reunida.

En todo ese tiempo José trata de tener hijos, pero la suerte en ese sentido no lo acompaña, y así va transcurriendo el tiempo, y pasan los años, y los sobrinos van creciendo, y empieza los problemas con el mayor de 15 años, con el abuso en la escuela pero el niño no se atreve a contarle a su madre lo que le está pasando, y llega el momento que se deprime tanto, que se quita la vida, dejando una nota a su madre, y al tío explicándole lo que ha pasado con él, y que lo perdonaran, tanto la madre de él, como su tío y Mary sufren lo acontecido, y él decide hacer marchas por las injusticias en las escuelas, que tanto los maestros como los jefes principales, no toman más precauciones, para que no esté pasando mas esto con los niños.

Y decide hacer una fundación, donde todos los chicos que se sientan discriminados vallan para que cojan clase de enseñanza, y terapia sicológica, para que puedan llevar estos abusos a un mejor bienestar para ellos, que en cuanto se sientan perseguidos lo primero es dar parte a sus padres, y si no les prestan atención vengan a este sitio fundado por mí, para que nosotros los ayudemos, así empieza con mi familia en este nuevo proyecto, y al pasar el tiempo ya se habían integrado más de 100 personas en mi proyecto de enseñanza, y todo marcha de maravilla en todo ese tiempo tanto mi hermana como su hija deciden viajar para México, de donde salimos para visitar una tía de nosotros que ya entrada en años, estaba muy enferma, y los médicos no daban muchas esperanzas, yo me quede al frente de la institución mientras ellas regresaban, así pasa más de un mes, y no sabía de ellas, hasta que recibo una llamada de mi hermana que le habían secuestrado a mi sobrina, y pedían un rescate por ella, y la suma que pedían era inmensa pero había que buscar ese dinero como fuera pues ya me imaginaba lo que estaba pasando mi hermana, primero su hijo, y ahora su hija así es que me puse a buscar apoyó de todo el mundo, y suerte que las personas que estaban en mí fundación al saberlo todos me ayudaron.

Y así reuní el dinero que ellos pedían, y yo mismo viaje a México, para poder contactarme con ellos, y así lo hice, y así viaje a México, y enseguida me puse en contacto con uno de ellos, y me dijo donde tenía que dejar el dinero que enseguida que lo hiciera iba a dejar libre a mi sobrina, pues así lo hice, pero antes avise a la policía, para que estuvieran en contacto por si algo salía mal, y así la policía me sigue adonde lleve el dinero, y me fui del lugar, pasa que la policía se quedo vigilando a ver quien recogía el dinero, y así fue que vino una persona, y recoge el dinero, la policía lo sigue, y llega, al lugar donde estaba la chica secuestrada.

Y entra a la residencia, y ocurre una balacera entre los secuestradores, y la policía, eran tres las personas, y mueren a mano de la policía, y así dejan libre a la chica, y enseguida pensé en lo mismo que esas persona avían escogido el camino equivocado, para nada, después morir, y ni siquiera disfrutaron del dinero, mi sobrina se alegra de ver a su mama, y así regresan conmigo a estados unidos, y Mary me propone algo me dice porque no damos un viaje para que te olvides un poco del estrés que has pasado últimamente, le digo que si, y decidimos viajar a puerto rico para ir a sus playas, y coordinamos el día del vuelo, que seria para el día de los, enamorados, y así llega el día, y viajamos a la isla del encanto, y estuvimos en sus playas.

Y empezamos a recorrer la isla para mirar sus encantos, y me puse
a pensar que bonita es la vida si la sabemos a preciar, y no andamos
por malos caminos, es bonito saber disfrutar de nuestro planeta sin
problemas, y poder andar con la cabeza en alto, y sin desasosiegos,
que viven las personas que obran mal bueno así pasa algunos meses
disfrutando de las playas de los, paisajes de Puerto Rico.

y deciden regresar, y la mayor sorpresa encuentran que hubo un tiroteo
frente al centro comunitario, y dos de los integrantes del centro los
mataron con balas perdidas, aun así encuentran las personas del tiroteo, y
vienen sabiendo que se trato de dos pandillas rivales, que se enfrentaron
a tiros, y en la balacera murieron 10 personas, incluyendo dos del centro,
y todavía no se encuentran los restantes de la trágica matanza, entre
los tiroteos de las pandillas de los narcotraficantes, y las personas que
vienen pasando por problemas mentales, que matan en las escuelas, y
otros centros, la criminalidad viene afectando a muchas familias ya no
hay donde vivir en paz que pasa en nuestro mundo, es la pregunta? que

me hago diariamente vivimos en un mundo de falta de enseñanza para nuestros semejantes, bueno después de ir a los funerales de los amigos que fallecieron, empezamos hacer mas fuerte nuestra campaña en Pro de la enseñanza de nuestros hijos, y buscar el bien para las comunidades que necesitan nuestro apoyo, así va pasando el tiempo mi hermana, y sobrina están bien, mi sobrina está concentrada ahora en sus estudios, y los años se me vienen encima, y como gran soñador que siempre e sido voy a coger un curso de piloto de avión pues tengo en mi mente algo, y quiero cumplirlo, ella, pero dime de qué se trata, el, bueno después que coja el curso, y lo pase te informare, ella, pues no me digas ahora, se que eres una buena persona, y no harás nada incorrecto cuenta conmigo siempre para lo que sea, el, gracias amor así será, bueno José empieza el curso de vuelo de aviones.

Y así va trascurriendo el tiempo, y pasan tres años, y José se gradúa de piloto de avión, y decide trabajar en el aeropuerto de Filadelfia, y empieza su trabajo, y su primer vuelo por supuesto, con un veterano de navegación a su lado, para que valla aprendiendo las rutas, y todo lo que concierne con los vuelos así pasan varios años mas hasta que se hace un piloto experto pero pasa que en un vuelo que ya ha despegado, a la media hora de estar volando, anuncia el copiloto del avión a José que el avión avía sido secuestrado, y que el tenía que cambiar su rumbo, si no lo iban hacer volar en pedazos, el, le da las noticias a los ocupantes por el altoparlante que se mantuvieran en sus asientos, que no cundiera el pánico que todo iba a estar bien, para a si calmar los ánimos de los pasajeros, los hombres en total eran tres los secuestradores, a José se le ocurre algo, y le dice al copiloto que mantenga la ruta que ellos querían que ellos siguieran, y escribe unas notas, y se los da a escondidas de las tres personas a sus ayudantes, uno al copiloto, el otro a uno de los camareros, y que las azafatas se lo dejaran caer en los pantalones de algunos hombres del vuelo, la nota decía así, yo voy a darle un vuelo sorpresivo de medio lado.

Y las personas que intentan secuestrar el avión como están de pie van a perder el balance, y ustedes se van hacer cargos de ellos, porque no van a poder mantenerse de pie traten de quitarles sus armas rápidamente, y así llevan lo acordado por José, y así controlan a los asaltantes del avión, y los atan a los asientos, y así pueden continuar el regreso, pasa que ya las noticias del secuestro del avión había llegado a oídos de Mary, y ella, al saber de esto cojeé el carro, y emprende una carrera para al aeropuerto para saber de José, y en el camino tiene un accidente, y es llevada al hospital pues sufre un desmayo por el golpe.

Y al despertar está recluida en el hospital, pasa que un chico de apenas 20 años de edad va al volante de su carro embriagado por el alcohol, y pierde el equilibrio del coche, y le da a Mary, haciendo que ella por el impacto del choque tan grande pierda el conocimiento, y los bomberos llegan para poder abrir el coche para sacarla, la policía se lleva al muchacho preso, y a ella para el hospital con severos dolores de espalda, y de cadera cuando todo esto termina, y José se entera y corre al hospital a ver a su amada, y así mantiene visitas al hospital hasta que ella es dada de alta, y empieza una terapia en la casa, y así ella va curándose, hasta que al pasar el tiempo ella se restablece, pero queda traumada por los golpes sufridos, y empieza un cambio en ella que antes no tenía con José, de sufrir de cóleras de coraje, y le estaba todo malo, y empieza un distanciamiento entre ellos, y José empieza a beber contante mente para poder olvidar las constantes peleas de su mujer empieza un proyecto para olvidar un poco, y empieza a jugar en la lotería y de pronto se pega, y una idea empieza a surgir en su mente.

José en todo ese tiempo a decidido comprar un avión, con el dinero que se ha ganado a bases de esfuerzo, y con el dinero que se gano en la lotería, y lo pone en su garaje, y decide hacer una nota con algo que se le ocurrió en su mente, y la nota la empieza así a todos los padres, y todos los maestros a todos los políticos, y a todo el ser creyente en la humanidad, a todos los presidentes de todas las naciones del planeta, ya es hora de coger conciencia en la humanidad, aprendan a educar a su hijos, a escucharlos a darle lo mejor de cada uno de ustedes, espero que este mensaje llegue a todas partes ya es la hora del que mundo cambie, y no allá más ambición en la vida más corrupción mas matanzas, mas secuestros, mas narcotráfico, para que este sea un mundo mejor, así hace miles de copias y le pregunta a Mary su mujer sabes quiero decirte que surcare los aires en mi avioneta, y dejare caer las notas desde el aire, las iré dejando caer en cada pueblo.

Espero poder hacerlo por mi cuenta, pues el gobierno no me dejaría hacerlo, y estoy dispuesto que este mensaje llegue a todas partes del mundo, pues se que las noticias se encargaran de hacerlo, pero si algo llega a pasar sabes que lo hago por todas las personas, y estarás en mi mente todo el tiempo, le dice ella, pues iré contigo no te dejare solo, el, no" me gustaría que te quedaras en la casa no me gustaría que pasara algo, y ponerte a ti en peligro, pues no me gustaría que te pasara nada malo, ella, le dice, pero amor quiero estar a tu lado no me gustaría dejarte solo, el, sabes Mary nunca pensé que me fuera a enamorar tanto como me ha pasado contigo, por lo mucho que te quiero prefiero que tu estés bien, y no te pase nada malo, si a mí me pasa algo no importa pues tu puedes seguir adelante, ella, que no se diga nada mas iré contigo donde tu vallas.

El, bueno si así lo quieres pues ni modo, te diré entonces lo que pienso hacer primero volare por esta ciudad donde vivimos, California después viajare para la ciudad de Washington, y después new York, y así sucesivamente, y en cada ciudad iré dejando caer todos los mensajes por aire, iré con bastante combustible pero en caso si se acaba tengo a alguien que podré aterrizar en su base, para restablecerme de combustible hasta que pueda volar por todos los estados que me sea posible, dejando mis mensajes para que el mundo se entere, y así pueda llegara a todo el mundo, por medio, de las comunicaciones radiales, y de noticias para que se enteren de mi propósito de hacer llegar al mundo el cambio que nos hace falta a toda la raza humana, para que se acaben los abusos, y las desgracias que estamos pasando, así es que saldremos el día 11 de abril que es la fecha que me nace hacerlo.

Pues casi todas las desgracias que ha habido han sido los día 11 por eso es que e cogido ese día, y el día 11 de abril porque fue la fecha que yo nací, José empieza los preparativos para el viaje, y a imprimir las hojas que surcaran los aires ase un promedio de cien mil copias, y las deja en el compartimiento del avión, donde el creo de su mente la maquina que ira soltando las hojas, desde el aire, a medida que el avión va pasando por los sitios escogidos por él, en ese tiempo todo marcha bien pero un día cuando estábamos todos reunidos en la fundación, para ayuda de todos, y estoy al frente hablándole a todos los reunidos hay presente, entra esta persona con un revolver en la mano, y empieza a disparar a diestra y siniestra contra todos nosotros, y los que estaban sentados al lado de la puerta fueron las primeras personas en perder la vida, y la persona sigue disparando, hasta que se le terminan las balas, y así uno del grupo lo puede sujetar hasta que llega la policía, y se lo llevan hubieron más de 10 personas muertas, y como 6 heridos en la matanza fue tan grande, y la sorpresa que muchos de nosotros nos quedamos anonadados, por lo que había pasado por eso mi mente se volvió en mas afán de hacer lo previsto por mí, y además era la segunda vez que morían personas allegadas a mi centro, en hechos muy tristes que decidí serrar el lugar, en recordatorio de aquellos que trataron de hacer el bien a la comunidad, y mueren tan tristemente, y así decido, y hablo con Mary que esa misma semana saldríamos en el vuelo, ya todo arreglado, y así llega el día, y abordamos el avión que nos llevaría a recorrer las grandes ciudades de estados Unidos.

Y empieza la travesía primero volamos por toda la ciudad de California, donde vivíamos sobre toda la ciudad, y así sucesivamente seguimos, a otros estados, y volamos sobre la cuidad de new York, y luego la de Washington, y decidimos, También viajar a la ciudad de Miami, y en ese tiempo aterrizamos en algunos sitios, ya que yo había logrado ir en años arreglando todo para un día poder en cada travesía, poder aterrizar en cada puerto para los descansos.

Pero al mismo tiempo ya éramos noticias tanto en la prensa, como en la televisión, y decidimos dar vuelos al amanecer, y en horas menos laborables para que no fuéramos detenidos, por el gobierno pero ya erramos nombrados en todos los países, por la prensa que era lo que yo quería que pasara, para dar a conocer mis propósitos en todos los países.

Pero a medida que el tiempo pasaba el avión iba perdiendo velocidad, y le digo a Mary lo que estaba pasando, que si ella quería la dejaba en alguna ciudad pues estábamos corriendo un gran riesgo, pero ella dijo que no, que me seguiría pues ya en unos de los estados decido dejar el viaje para que no le fuera ocurrir nada a ella, le dije bueno este será mi último viaje así es que regresemos, y hago un viraje forzado y de pronto siento que el avión empieza a bajar vertiginosamente,

y pierdo el control del vuelo le digo a Mary lo siento amor, estamos cayendo en picada, y me temo que no vamos a poder salvarnos, y me gustaría que como última voluntad nos demos un beso, y atémonos juntos en un abrazo, así quiero morir junto a ti, ella, por mi encantada así que el avión cae vertiginosamente, Y se estrella muriendo tanto José como Mary, y extrañamente los cuerpos no aparecen, y sale en todas las noticias de un hombre que se dedico solamente a hacer el bien a la humanidad, así termina esta historia de un hombre que quiere que el mundo cambie en beneficio del ser humano, para que el día de mañana alga mas bienestar para todos las personas que habitan este planeta.

11/16/2013 11:53 AM

MI BIOGRAFÍA

Mi nombre es Billy Rosado nacido en Guaynabo, Puerto Rico, nací el día once de abril de 1945. Mis padres, lamentable ya no están conmigo, mi padre se llamaba Jacinto Rosado, mi madre Francisca Guerra, fueron para mí los mejores padres del mundo. Estudié en las escuelas de Puerto Rico, vine a este país a los diecisiete años, primero a Nueva York, viví en Brooklyn. En New Jersey tuve los mejores trabajos, fui tapicero fui supervisor en el aeropuerto de Newark New Jersey, en Connecticut, fui técnico de beepers, y celulares, y computadoras. Mis padres ya no están pero me dieron los mejores valores, y por eso los tengo en un pedestal, solo me queda una hermana y dos hermanos que estamos bien unidos, mi hermano mayor tampoco está conmigo pero lo recuerdo mucho.

Gracias por compartir conmigo estas historias.

Printed in the United States
By Bookmasters

Printed in the United States
By Bookmasters